AF532096

Dieses Buch gehört:

. . . .

Norbert Pautner

Bitte, danke – was ist richtig?

Darum sind Manieren wichtig

Bassermann

ISBN: 978-3-8094-4454-1

3. Auflage 2024

Idee und Gesamtgestaltung: Norbert Pautner, Berlin
Projektleitung: Birte Dittmann
Herstellung: Karin Herres
Druck und Bindung: Firmengruppe APPL, aprinta druck, Wemding

Printed in Germany

Penguin Random House Verlagsgruppe FSC®N001967

Inhaltsverzeichnis

Vorwort

Im Buch geht's um Gemeinsamkeit:
Wie man ohne Zank und Streit
miteinander gut verkehrt –
respektvoll, freundlich, liebenswert.

Wollen wir uns gut vertragen,
sollten wir uns auch mal fragen:
Welcher Gruß ist angemessen?
Wie verhält man sich beim Essen?
Was ist falsch und was ist richtig?
Warum sind Manieren wichtig?

Gerade für die Höflichkeit
hat man kaum noch Lust und Zeit,
denn statt umständlich zu grüßen,
blickt man lieber zu den Füßen.
„Bitte", „Danke" scheint beschwerlich,
darum hält man's für entbehrlich.

Anderen ist augenscheinlich
überhaupt nichts richtig peinlich:
Schreien, schubsen, schnäuzen, schmatzen,
einfach so dazwischenschwatzen
machen sie bedenkenlos,
denn wen kümmert das schon groß?

Dabei wär's doch wünschenswert,
dass man auch mal darauf hört,
was das Gegenüber denkt,
und dem auch Beachtung schenkt.

Damit's klappt, muss es was geben:
Regeln fürs Zusammenleben.
Die nennt man seit alten Tagen:
Anstand, Höflichkeit, Betragen.

Das klingt ziemlich angestaubt,
so, als wäre nichts erlaubt.
Doch es ist nur halb so schlimm
mit Benehmen und Benimm.

Wenn es heißt: „Nun sei doch brav!",
meint das nicht, dass man nichts darf.
Sondern, dass man Rücksicht übt,
damit macht man sich beliebt.

Und wie's geht mit den Manieren,
muss man nicht erst lang studieren:
Alles steht in Einzelheiten
auf den nachfolgenden Seiten.

Umgangsformen

Umgangsformen braucht man stets,
freundlich fragt man so: „Wie geht's?"
Viel geht ohne Schwierigkeit,
macht man es mit Höflichkeit:
„Bitte", „Danke", „Gern geschehn",
andern in die Augen sehn,
stets „Wie bitte?", niemals „Was?"
oder „Hä?" – so leicht geht das.

Bitte, danke, gern geschehen

Mancher einer ist verstimmt,
wenn sich wer einfach was nimmt,
was der scheinbar gerne hätt' –
dieses findet niemand nett.

Also: Wenn man etwas will,
bleibt man besser nicht so still,
denn man muss sich gar nicht schämen:
Sagt man „Bitte!“, mag man's nehmen.

Hat man etwas dann bekommen,
freudestrahlend angenommen,
sagt man „Danke!“, und erneut
ist ein jeder sehr erfreut.

Schließlich sei hier noch bemerkt,
wie man Freundlichkeit verstärkt:
Auf ein nettes „Dankeschön!“
antwortet man dann: „Gern geschehn!“

Bitten und Teilen

Dass uns mal was gut gefällt,
ist ja nicht ganz aus der Welt.

Wolln wir was davon besitzen,
würde es uns dabei nützen,
jenen, dem das Ding zu eigen,
nicht bloß einfach anzuschweigen.

Sagt man nur: „Ich will das haben!“,
bleiben aus die guten Gaben.

Sein wir also nicht so gierig,
höflich fragen ist nicht schwierig.
„Darf ich“ und „Ich möchte gern“
sind auch heute noch modern.
Und wer solche Worte hört,
teilt auch gern und unbeschwert.

Wie bitte?

Hat man mal was nicht verstanden,
kam vielleicht ein Wort abhanden,

wird nicht einfach „Hä?“ gegrunzt,
und auch „Was?“ ist keine Kunst.

Hat man was mal nicht gehört,
ist es also nicht verkehrt,

mit „Wie bitte?“ nachzuhaken,
statt so einfach loszuquaken.

Entschuldigung

Wenn man mal was Dummes tut,
peinlich, falsch und gar nicht gut,

ungeachtet, ob man jetzt
jemand anderen verletzt,

ist man wirklich gut beraten,
wenn man für die Missetaten
zeitnah um Verzeihung bittet –
ernsthaft, ehrlich und gesittet.

Denn erst die Entschuldigung
führt schnell zur Verständigung.

Respektvolles Anreden

Ist man dauernd kumpelhaft,
ist das was, das Ärger schafft.
Denn nicht wirklich einen jeden
sollte man mit „du“ anreden.

Sind sie nämlich nicht Verwandte,
weder Onkel oder Tante,
mögen’s grad Erwachsne nicht,
wenn man sie mit „du“ anspricht.

Besser ist es irgendwie,
sagt statt „du“ man höflich „Sie“.
Zur Begrüßung hilft es stets,
wenn man freundlich fragt: „Wie geht’s?“

Wer das alles stets bedenkt,
wird mit Wohlwollen beschenkt.

Und wer bist du?

Rein und raus und sagt kein' Ton –
sag mir mal: Wer mag das schon?

Ist die Tür zu, klopft man an
und als nächstes wartet man,
bis man deutlich hört: „Herein!"
Dann erst nämlich tritt man ein.

Kennt man wen im Zimmer nicht,
schaut man ihm in das Gesicht,
grüßt ihn freundlich, gibt die Hand,
macht mit Namen sich bekannt.

Gerne wird man aufgenommen
und es heißt: „Willkommen!“

Höfliche Unterbrechung

Wenn zwei miteinander sprechen,
soll man sie nicht unterbrechen.

Denn es hat sich oft bewiesen:
So wird man zurückgewiesen.

Wer auf eine Pause wartet
und dann mit dem Reden startet,

dem wird besser zugehört,
weil er so niemanden stört.

Miteinander

Jeder weiß es eigentlich:
Niemand lebt allein für sich.
Drum wird auch der Egoist
allermeistens nicht vermisst.
Besser geht es Hand in Hand,
freundschaftlich und tolerant.
Er hilft mir, ich helfe ihm:
So sind wir ein gutes Team.

Rücksicht nehmen

„Rumms!“ Hier hat es grad gekracht,
weil die Tür man zugemacht,
ohne sich erst umzuschauen –
und schon hat’s wen umgehauen.

Und auch leider, leider muss
man mitansehn, wie im Bus
dieser alte Elefant
nirgends einen Sitzplatz fand.

Doch der Herr sieht nicht mehr gut,
was dem Frosch nichts Gutes tut.

Also darum bietet man
andern seine Hilfe an,
sieht sich um, ist rücksichtsvoll,
weil sich niemand ärgern soll.

Sei nicht gemein!

Groß und stark und glaubt, er kann
darum sein wie ein Tyrann:
Kommandieren und befehlen,
andren ihre Sachen stehlen.

Doch wer derart stört den Frieden,
der wird bald zu Recht gemieden.
Besser früher als zu spät
man ihm aus dem Wege geht.

Außerdem, im Allgemeinen,
gibt's am Ende immer einen,
der guckt auch auf dich herab;
plötzlich fühlst du dich ganz schlapp.

Besser, man steht füreinander ein –
ganz egal, ob groß, ob klein –
hilft sich, wo man helfen kann;
das braucht jeder irgendwann.

Niemanden ausgrenzen

Manche Tiere haben Streifen,
andre tragen rosa Schleifen.
Wieder andre sind ganz bunt,
manches Tier ist kugelrund.

Doch egal, ob Tiere fliegen,
laufen, schwimmen oder liegen:
Jedes ist ein Spezialist,
weil es was Besondres ist.

Kein Tier würd' den Fehler machen,
andre Tiere auszulachen,
oder sie gar zu verspotten
wegen so was wie Klamotten.

Mach auch du es wie die Tiere:
Achte, schätze, respektiere,
dass die andern anders sind,
und sei ihnen wohlgesinnt.

Keine Beleidigungen

An beinahe jedem Orte
hört man oft ganz schlimme Worte.

Solche Worte zu verwenden,
könnte auch mal böse enden.
Denn zu unserem Entsetzen
können Worte auch verletzen ...

... oft viel mehr als Missetaten –
darum sei hier angeraten –
andre niemals anzupfeifen,
auszuschimpfen, anzukeifen.

Denn wer uns so reden hört,
uns alsbald den Rücken kehrt.

Tischmanieren

Tischmanieren zu beachten,
zeugt von einem sehr bedachten
Umgang mit dem guten Essen.
Also, keinesfalls vergessen:
Niemals schmatzen oder schlingen,
nicht zu früh vom Tisch aufspringen,
den andern nicht das Essen klauen
und nicht mit dem Brei rumsauen.

Gemeinsam essen (Teil 1)

Wer beim Essen zwanglos startet
und nicht auf die andern wartet,

erntet so nur Nörgelei,
Unmut oder gar Geschrei.

Lieber wartet wohlgemut
man, bis jeder sitzen tut.

Wenn dies dann so schön geschieht,
wünscht man „Guten Appetit!“

Nette Gäste

Sind wir mal wo eingeladen,
wird es uns gewiss nicht schaden,
nett zu sein und wohlgesinnt,
wie wir's auch ansonsten sind.

Gibt es was zu kritisieren,
lasst uns schonend formulieren,
was am Essen auszusetzen,
um den Koch nicht zu verletzen.

Sind wir nämlich laut und motzig,
mürrisch, quengelig und trotzig,

war das – und das ist normal –
sicherlich das letzte Mal,
dass wir eingeladen waren.
Und das sollten wir uns sparen.

Den Mund nicht zu voll nehmen

Niemand sieht es gern bei Tisch,
wenn wer allzu räuberisch
schnell das größte Stück verdrückt –
selten ist man dann entzückt.

Auch das Mahl es nicht verschönt,
hat sich einer angewöhnt,
stets mit vollem Mund zu reden –
eben dieses freut nicht jeden.

Besser hält man sich zurück,
nimmt nicht gleich das größte Stück,
bietet andern auch was an,
weil man sich beherrschen kann.

Teilt man dann geschwisterlich,
und isst auch sonst ganz ordentlich,
stimmt das einen jeden froh.
Siehste wohl, es geht auch so!

Ohne eklige Geräusche

Alle schauen hier verkrampft,
weil der Bär geräuschvoll mampft.

Schlürfend trinkt er seinen Sprudel,
schmatzend kaut er dann den Strudel.

Wenn man ihn dann rülpsen hört,
fühlt man sich extrem gestört!

Letztlich kommt man zu dem Schluss,
dass man sich beherrschen muss,
und ein jegliches Geräusch vermeidet,
das den Appetit verleidet.

Mit dem Essen spielt man nicht!

Es glaubt niemand ernsthaft dran,
dass man Spielzeug essen kann.

Also kann man auch vergessen,
rumzuspielen mit dem Essen.

Dadurch wird das Essen nämlich
ausgesprochen unansehnlich.

Und wir wissen, wo das endet:
Gutes Essen wird verschwendet!

Gemeinsam essen (Teil 2)

Fröhlich sitzt man hier bei Tisch,
alles riecht verführerisch.

Einer hat ganz ungezwungen
schnell was in sich reingeschlungen.

Wortlos steht er auf und geht,
was am Tisch niemand versteht.

So verpasst er – ach, wie schade –
das Dessert aus Schokolade.

Reinlichkeit

Reinlichkeit ist ganz grundsätzlich
fürs Gesundsein unersetzlich.
Darum niest man niemand an,
weil der sich erkälten kann.
Nur mit saubren Fingern naschen,
Hände zwischendurch mal waschen.
Unschön ist denn auch das Bohren
in der Nase und den Ohren.

Niemanden anpusten

Muss man gähnen, husten, niesen,
sei hier darauf hingewiesen,

dass man keinesfalls gelöst
einfach in die Runde bläst.

Also, muss man einmal husten
oder gähnen oder prusten:

Ellenbeuge vor den Mund,
und ein jeder bleibt gesund.

Nicht eklig sein

Klar, ein jeder ist gern reinlich,
doch mitunter ist es peinlich,
eklig und so gar nicht schön,
öffentlich mitanzusehn,

wenn die andern fröhlich bohren
in der Nase, in den Ohren.

Oder ach, wie jeder guckt,
wenn wer auf den Boden spuckt!

Also besser Abstand nehmen
von dem ekligen Benehmen.
Für Gesundheit und Respekt
wär es schön, wenn's jeder checkt.

Hände waschen

Schau, der kleine Bär, wie putzig,
mampft vergnügt und ist ganz schmutzig.
Doch er wird davon zum Dank
höchstwahrscheinlich auch noch krank.

Denn er hatte eins vergessen:
Nach dem Klo und vor dem Essen
ist, mit Sorgfalt und Bedacht,
Händewaschen angebracht.

Ach, es wohnen allerorten
die Bakterien, auch die Sorten,
die nicht in den Bauch gehören,
weil sie dort oft merklich stören.

Doch man kann ganz leicht vermeiden
an Bakterien zu leiden:
Kommen sie nicht in den Mund,
bleibt man fröhlich und gesund.

Nichts achtlos wegwerfen

Unterhalb von der Platane
liegt die Schale der Banane,
die Frosch in die Gegend warf,
wissend wohl, dass man’s nicht darf.

Wenig später kommt Herr Hase,
rutscht drauf aus, fällt auf die Nase.
Er sieht schwarz, dann sieht er Sterne –
wir sehn dieses gar nicht gerne.

Frosch bleibt erstmal ungerührt,
bis er selber dann verspürt,
wie er in was Feuchtes tritt:
kalt und klebrig und igitt.

Also ist es stets das Beste,
wenn man Abfall, Müll und Reste
sogleich in die Tonne tut,
wo es dann gefahrlos ruht.

Nichts angrapschen!

Waschbär kennt die Früchte nicht,
hält sie prüfend vors Gesicht,
drückt sie auch noch unerbittlich –
dies ist wenig appetitlich!

Wenn er dann zurückgelegt,
was er eben noch bewegt,
nimmt das Obst dann hinterher
keiner von den andern mehr.

Auch im Supermarktregal
ist es keinesfalls egal,
wie genau wir etwas testen –
nicht zu kräftig ist am besten.

Denn vom Drücken, Tasten, Wenden
mit den nicht so saubren Händen
wird das Obst viel schneller schlecht.
Und das ist doch niemand recht.